Impressum
Verlag: BABADADA GmbH, Nedderfeld 112 , 22529 Hamburg
Geschäftsführer / Verlagsleitung: Harald Hof
Druck: Books on Demand GmbH, In de Tarpen 42, 22848 Norderstedt

Imprint
Publisher: BABADADA GmbH, Nedderfeld 112 , 22529 Hamburg, Germany
Managing Director / Publishing direction: Harald Hof
Print: Books on Demand GmbH, In de Tarpen 42, 22848 Norderstedt, Germany

școală
ښوونځی

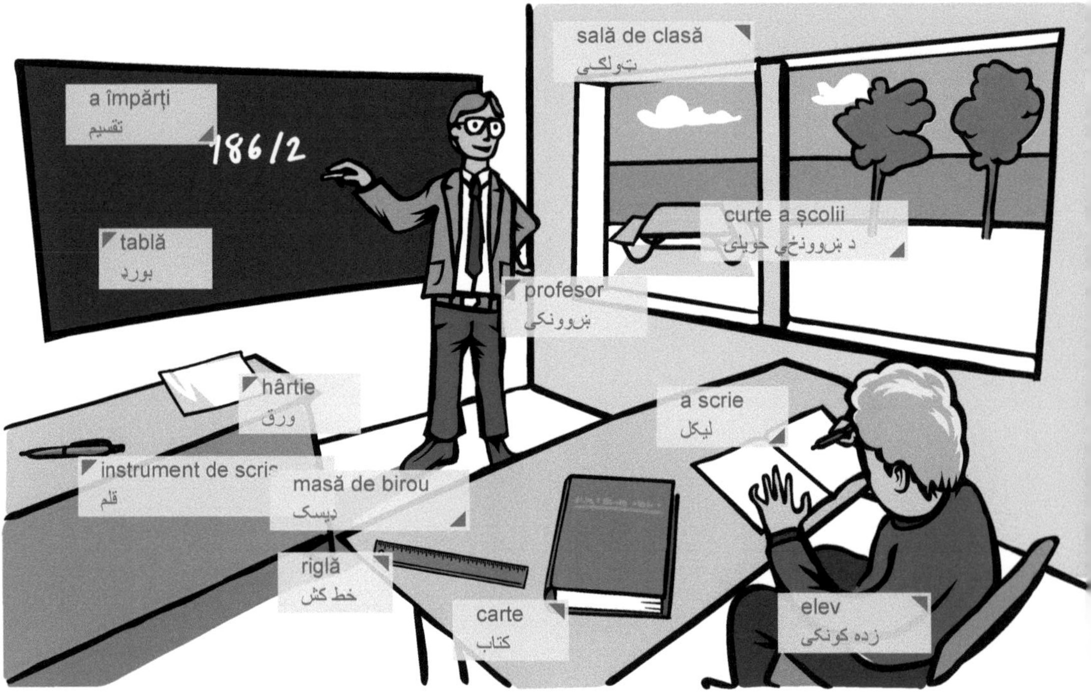

sală de clasă
ټولګی
a împărți
تقسیم
186/2
tablă
بورډ
curte a școlii
د ښوونځي حویلی
profesor
ښوونکی
hârtie
ورق
a scrie
لیکل
instrument de scri
قلم
masă de birou
ډیسک
riglă
خط کش
carte
کتاب
elev
زده کونکی

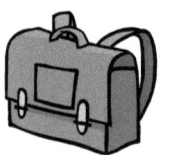

ghiozdan

کڅوړه

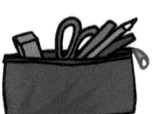

penar

د پنسل بکسه

creion

پنسل

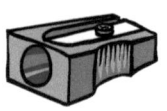

ascuțitoare

پنسل تراش

radieră

ربړ

bloc de desen

د رسامی پاڼه

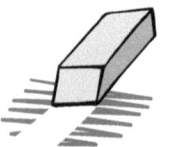

desen

رسامي

pensulă

د نقاشی برس

cutie de acuarele

د نقاشی بکس

foarfece

قیچي

lipici

سریش

caiet de exerciții

د تمرین کتاب

temă

کورنی دنده

număr

شمیر

a aduna

جمع

a scădea

منفي

a multiplica

ضرب

a calcula

حساب

literă

توری

alfabet

الفبا

cuvânt

کلمه

text

متن

a citi

لوستل

cretă

تباشیر

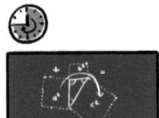

oră

درس

catalog

راجستر

examen

ازموینه

certificat

تصدیق پانه

uniformă şcolară

د ښوونځي یونیفارم

educaţie

تعلیم

enciclopedie

دایره المعارف

universitate

پوهنتون

microscop

مایکروسکوپ

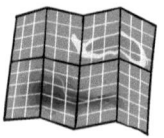

hartă

نقشه

coş de gunoi

اشغالدانی

călătorie

سفر

hotel
هوټل
Grand
hostel
ليليه
ROOMS
casă de schimb valutar
د اسعارو د تبادلې دفتر
valiză
بکس
autovehicul
موټر

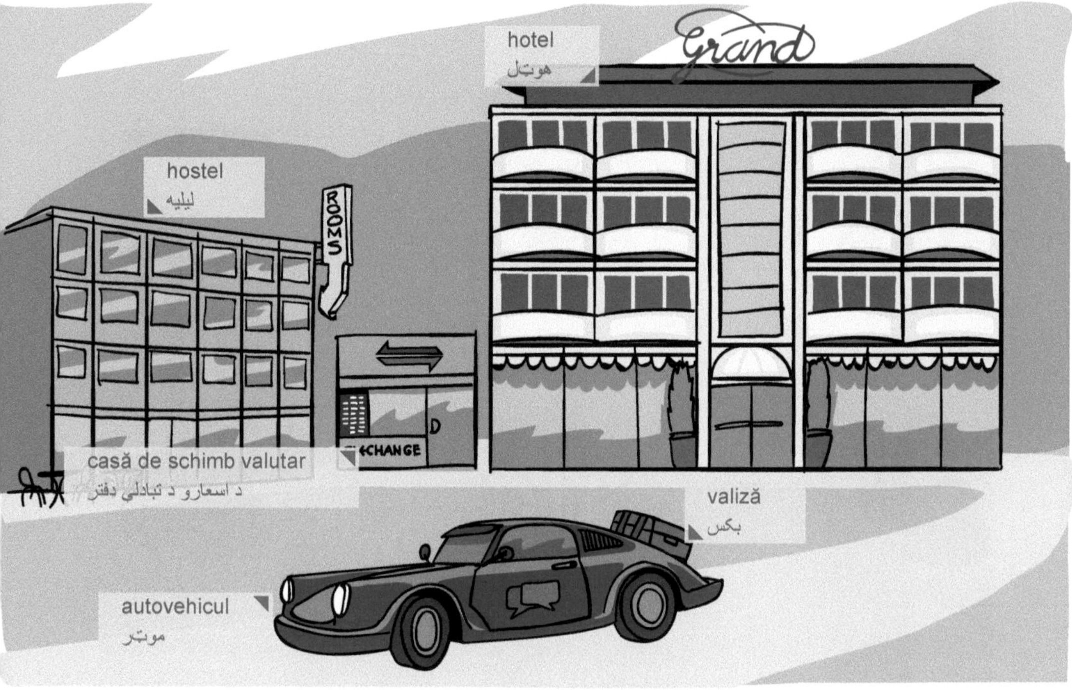

limbă

ژبه

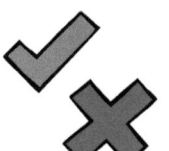

da/nu

هو/نه

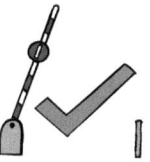

okay

سمه ده

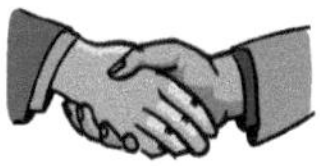

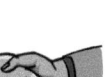

Bună!

سلام

interpret

ژباړونکی

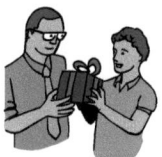

mulțumesc

مننه

Cât costă...?

څومره دي...؟

Nu înțeleg

زه نه پوهېږم

problemă

ستونزه

Bună seara!

ماښام مو پخير!

Bună dimineața!

سهار په خیر!

Noapte bună!

شپه په خیر!

la revedere

په مخه مو ښه

direcție

لاريود

bagaj

سامان

geantă

بیگ

rucsac

شاتنی بکس

oaspete

میلمه

cameră

خونه

sac de dormit

د خوب کڅوړه

cort

خیمه

punct de informare turistică

د توریزم معلومات

plajă

ساحل

carte de credit

کریډیټ کارت

mic dejun

ناری

masa de prânz

د غرمي خواړه

cină

د شپي خواړه

bilet de călătorie

ټکټ

lift

لفټ

timbru poştal

مهر

graniţă

پوله

vamă

ګمرک

ambasadă

سفارت

viză

ویزه

paşaport

پاسپورت

transport
ټرانسپورټ

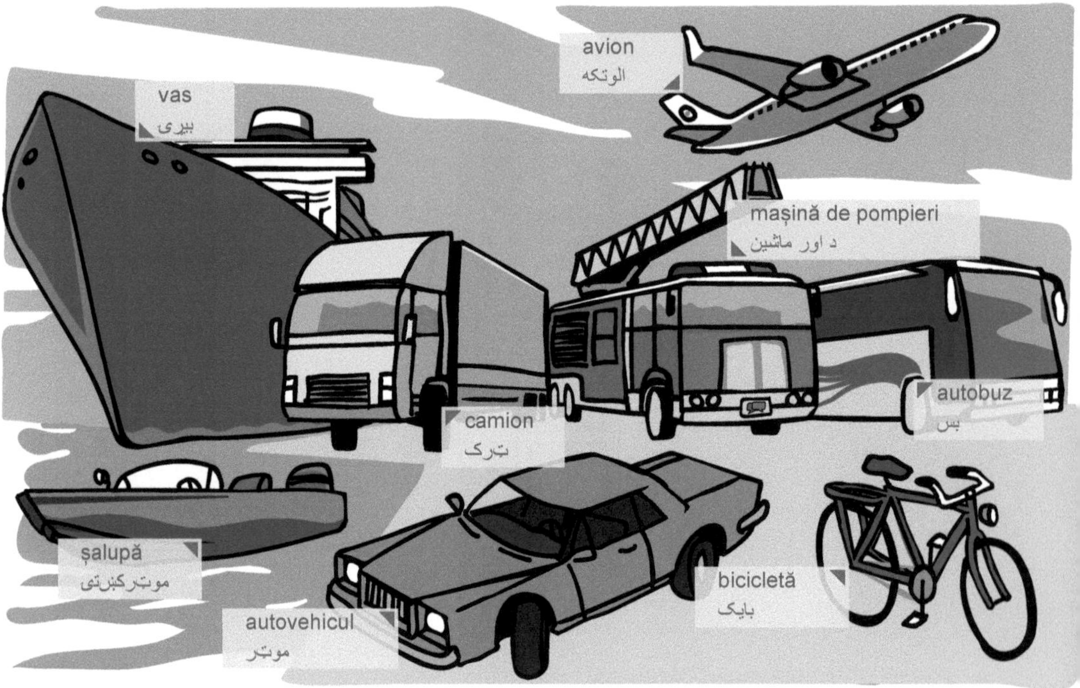

avion
الوتکه
vas
بېړۍ
mașină de pompieri
د اور ماشین
autobuz
بس
camion
ټرک
șalupă
موټرکښتۍ
bicicletă
بایک
autovehicul
موټر

feribot
کښتۍ

barcă
کښتۍ

motocicletă
موټرسایکل

mașină de poliție
د پولیسو موټر

mașină de curse
د ریس موټر

mașină închiriată
کرایی موټر

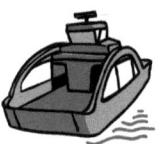

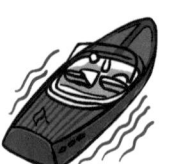

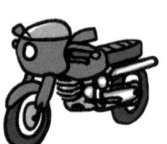

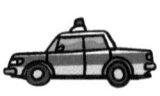

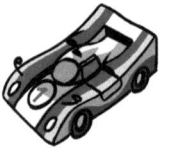

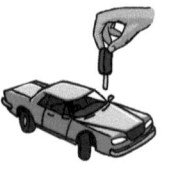

car sharing

د کرايه موټري

mașină de tractat

د ثقيل لرونکی ټرک

mașină de gunoi

د ريفيوز ټرک

motor

موټر

combustibil

د سونگ توکي

benzinărie

پټرول سټيشن

semn de circulație

ترافيکي نښه

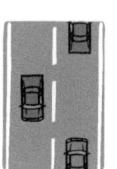

trafic

ترافيک

ambuteiaj

جام ترافيک

parcare

د موټرو تمځای

gară

د ريل سټيشن

șine

پاټکي

tren

ريل

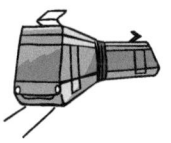

tramvai

ټرام

vagon

واگون

elicopter

چورلکه

aeroport

هوايي ډگر

turn

برج

pasager

مسافر

container

کانتينر

carton

کارتون

căruță

کارت

coş

ټوکرۍ

a decola/a ateriza

الوتنه کول/کښېناستل

oraş

ښار

sat

کلی

centru

د ښار مرکز

casă

کور

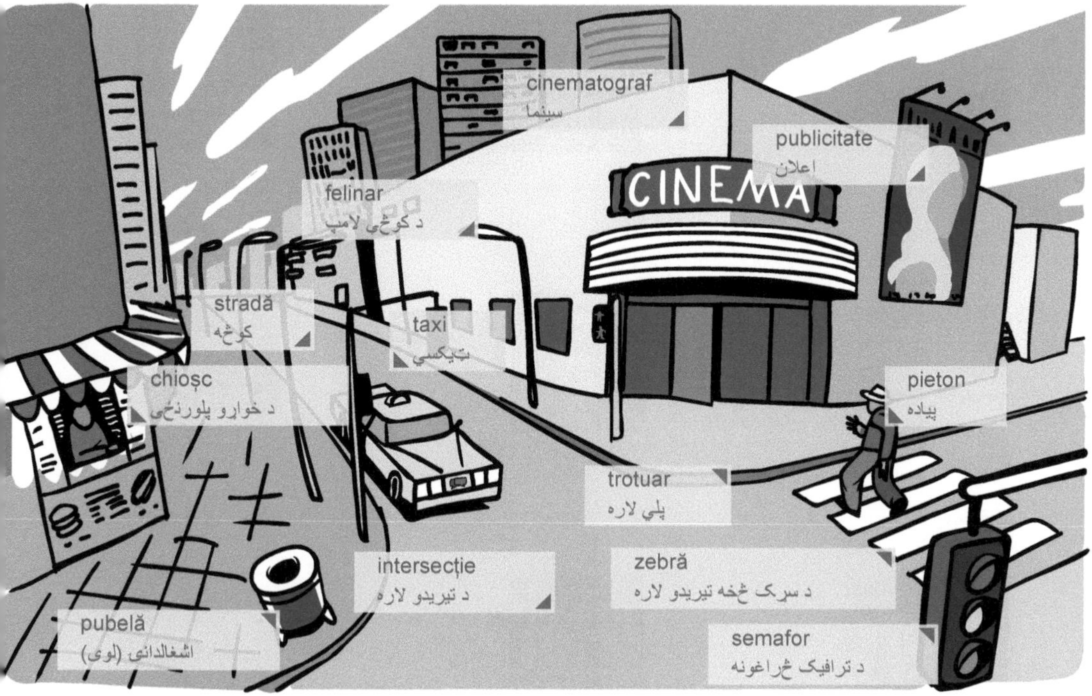

cinematograf
سینما

publicitate
اعلان

felinar
د کوڅې لامپ

CINEMA

strada
کوڅه

taxi
ټیکسی

pieton
پیاده

chioşc
د خوارو پلورنځی

trotuar
پلی لاره

intersecție
د تیریدو لاره

zebră
د سرک څخه تیریدو لاره

pubelă
اشغالدانی (لوی)

semafor
د ترافیک څراغونه

cabană

کوډله

apartament

اپارتمان

gară

د ریل ستیشن

primărie

ټاون هال

muzeu

میوزیم

şcoală

ښوونځی

universitate

پوهنتون

bancă

بانک

spital

روغتون

hotel

هوټل

farmacie

درملتون

birou

دفتر

librărie

کتاب پلورنځی

magazin

پلورنځی

florărie

د ګلانو پلورنځی

supermarket

لوی پلورنځی

piață

مارکیت

magazin universal

د دیپارتمنټ سټور

comerciant de pește

کب پلورنځی

centru comercial

د پلور مرکز

port

لنګرتون

parc

پارک

bancă

بينچ

pod

پل

trepte

زينه

metrou

د ځمکی لاندی

tunel

تونل

stație de autobuz

بس تمځای

bar

بار

restaurant

ريستّورانت

cutie poștală

پوست بکس

tăbliță indicatoare cu
numele străzii

د کوڅي نښه

parcometru

د پارک کولو ميټر

grădină zoologică

ژوبڼ

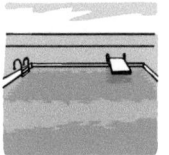

piscină

د لامبو حوض

moschee

مسجد

gospodărie țărănească
....
کرونده

poluare
....
ناپاکي

cimitir
....
هدیره

biserică
....
چرچ

loc de joacă
....
د لوبو ډکر

templu
....
معبد/کلیسا

peisaj
منظره

frunză
پاڼه

indicator
د لارښوونې نښه

drum
لاره

pajiște
چمن

piatră
کاڼی

copac
ونه

drumeț
هیکر

râu
سیند

iarbă
واښه

floare
ګل

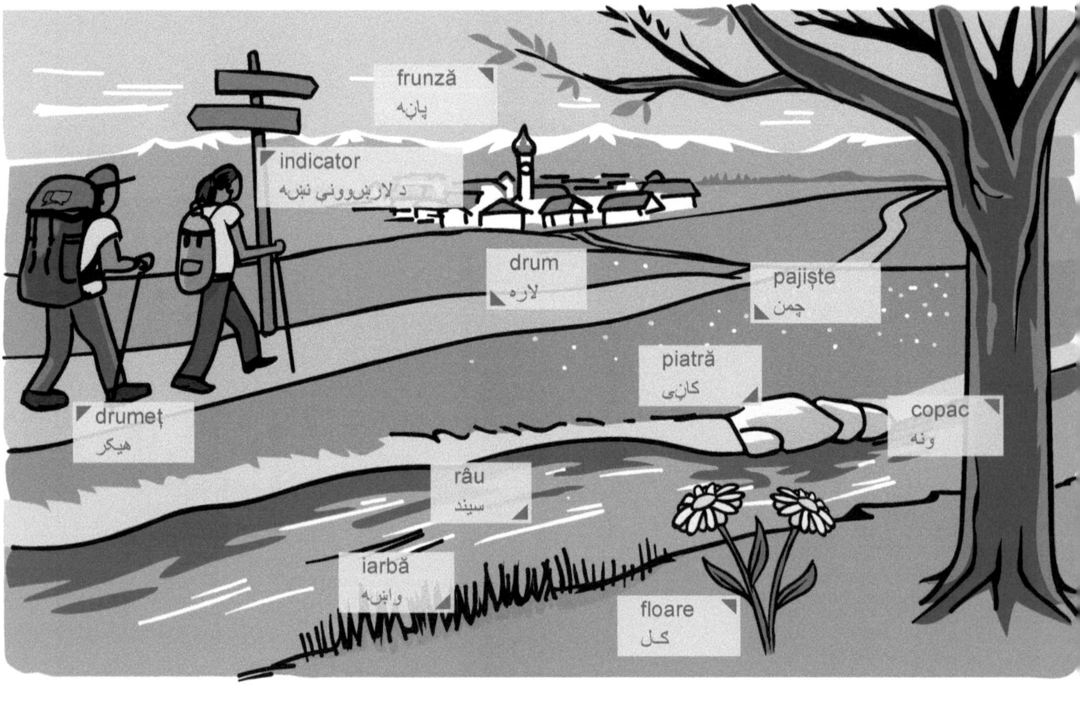

vale

دره

deal

غوندی

lac

ناور

pădure

ځنګل

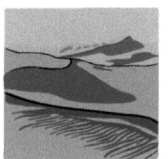

deșert

دشته

vulcan

اورشيندی

castel

کلا

curcubeu

رنګين کمان

ciupercă

مرخيړي

palmier

پلم ونه

țânțar

ماشي

muscă

الوتل

furnică

ميږی

albină

مچی

păianjen

غوندڅ/جولا

gândac

کونگت

broască

چونگبڑہ

veveriță

نولی

arici

زیرکی

iepure

سوی

bufniță

کونگ

pasăre

مرغی

lebădă

قازہ

porc mistreț

نرخوک

cerb

هوسی

elan

گاوزہ

dig

بند

turbină eoliană

بادي توربين

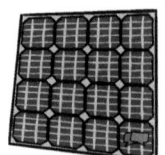

panou solar

سولر تختی

climă

اقلیم

chelnăr
پیشخدمت

meniu
مینو

scaun
چوکی

supă
سوپ

pizza
پیزا

tacâmuri
پنجاخی، چاقو، کاشوغه

față de masă
د میز پوښتنه

antreu
....
ستارتر

fel principal
....
اصلي خواړه

desert
....
شیرني

băuturi
....
څښاک

mâncare
....
خواړه

sticlă
....
بوتل

fastfood

فاسټ فوډ

streetfood

د کوڅي خواره

ceainic

چای جوش

zaharniță

قندانی

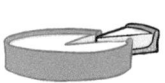

porție

برخه

espressor

اسپرسو مشین

scaun înalt (pentru copii)

لوړه چوکی

factură

رسید

tavă

مجمه

cuțit

چاکو

furculiță

پنجه

lingură

قاشق

linguriță

چای قاشق

șervețel

سورویټ

pahar

ګلاس

farfurie

پلیټ

farfurie de supă

د سوپ پلیټ

farfurie

نالبکی

sos

ساس

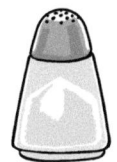

solniță

مالګه شیندونکی

râșniță de piper

د مرچ ټکولو لوخی

oțet

سرکه

ulei

غوري

condimente

مساله

ketchup

کچ اپ

muștar

شرشم

maioneză

چکه

supermarket

لوی پلورنځی

ofertă
ځانګړی وړاندیز
FOR
client
پیرودونکی
produse lactate
لبنیات
fructe
میوه
cărucior de cumpărături
لاسي ځرخ

BUTCHERS

măcelărie

قصابي

BAKERY

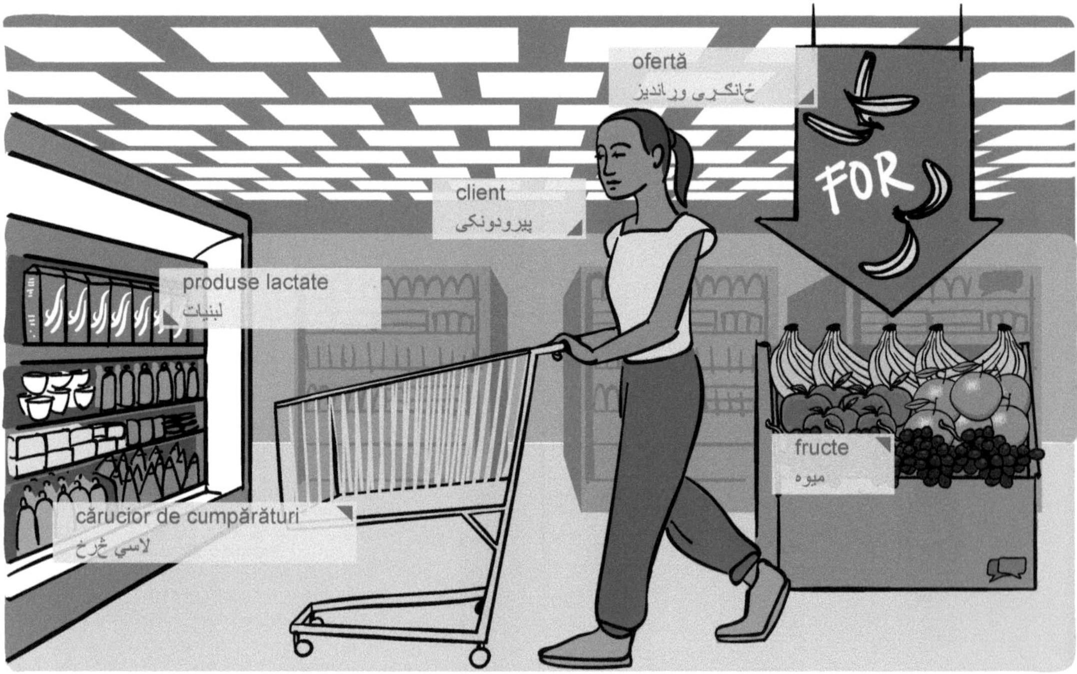

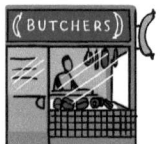

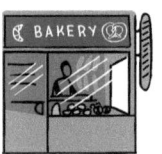

brutărie

نانوایی

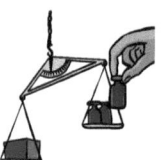

a cântări

وزن کول

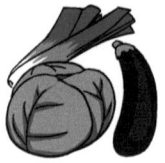

legume

سبزیجات

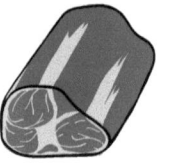

carne

غوښه

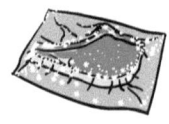

alimente refrigerate

کنګل خواره

mezeluri și brânzeturi feliate

....

یخه غوښه

conserve

....

کنسروا خواړه

detergent

....

د مینځلو پوډر

dulciuri

....

شیریني

articole de menaj

....

کورني تولیدات

produse de curățenie

....

د پاکولو محصولات

vânzătoare

....

د پلور فرد

casă

....

د نغدي راجستر

casier

....

صراف

listă de cumpărături

....

د پیرود لیست

orar

....

کاري ساعتونه

portmoneu

....

بټوه

carte de credit

....

کریډیټ کارت

geantă

....

کڅوړه

pungă de plastic

....

پلاستیک کڅوړه

apă

اوبه

suc

جوس

lapte

شیده

cola

کوک

vin

واین

bere

بیر

alcool

الكول

cacao

ککاو

ceai

چای

cafea

كافي

espresso

اسپرسو

cappucino

کپچینو

banane

کیله

măr

منه

portocală

نارنج

pepene

هندوانه

lămâie

لیمو

morcov

کازره

usturoi

هوږه

bambus

بانکس

ceapă

پیاز

ciupercă

مرخیړي

nuci

چغزی

paste făinoase

آش

spagheti

سپیگتي

orez

وریجي

salată

سلاد

cartofi prăjiți

چپس

cartofi țărănești

سره کري کچالو

pizza

پیزا

hamburger

همبرگر

sandwich

ساندویچ

șnițel

کتره

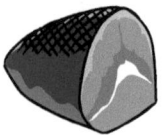

șuncă

د پتون غوښه

salam

سلمي

cârnați

ساسیچ

pui

چرگ

friptură

روست

pește

کب

fulgi de ovăz

د وربشی شیرني

musli

موسلي

cereale

د جوار پلی

făină

اوړه

corn

کروسانت

chifle

د ډوډی رول

pâine

ډوډی

pâine prăjită

ټوسټ

biscuiți

بسکیت

unt

کوچ

brânză de vaci

چکه

prăjitură

کیک

ou

هګی

ouă ochiuri

پښي هګی

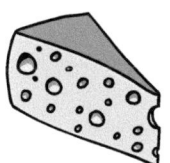

brânză

پنیر

mâncare - خواړه   25

înghețată

آيس كريم

zahăr

بوره

miere

شهد

marmeladă

مربا

cremă nuga

نوگات كريم

curry

كوركمان

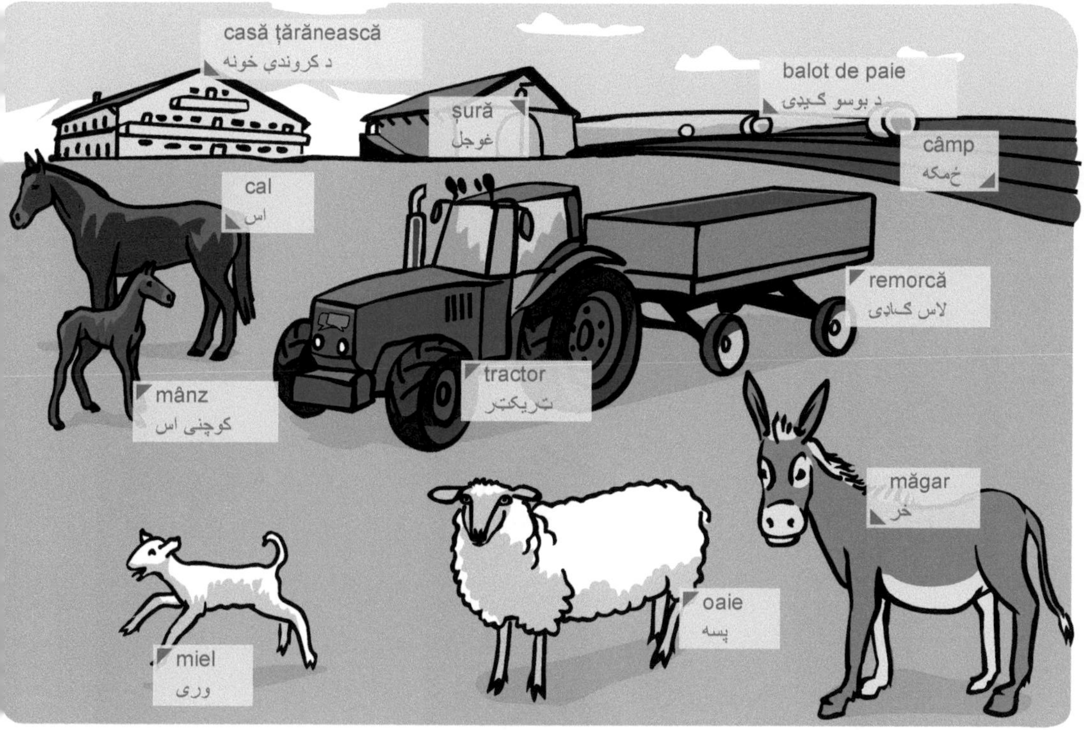

casă țărănească
د کروندي خونه

șură
غوجل

balot de paie
د بوسو کیدی

câmp
خمکه

cal
اس

remorcă
لاس گاډی

mânz
کوچنی اس

tractor
تریکتر

măgar
خر

miel
ورۍ

oaie
پسه

capră
وزه

vacă
غوا

vițel
خوسکی

porc
خوگ

purcel
د خوگ بچی

taur
غویی

găină

بټه

rață

هیلۍ

pui

چرګوړی

găină

چرګه

cocoş

بانګي

şobolan

سارای موږک

pisică

پیشک

şoarece

موږک

bou

غویی

câine

سپی

cuşcă

د سپي خونه

furtun de grădină

د باغ هوز

stropitoare

د اوبو لوخی

coasă

لور (داس)

plug

یوی

seceră

لور

sapă

رمبی

furcă

ښاخی

secure

تبر

roabă

کراچی

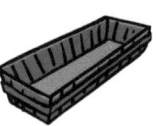

troacă

ناوه

cană pentru lapte

د شیدو لوخی

sac

جوال

gard

کټاره

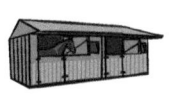

grajd

مضبوط

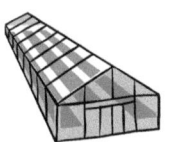

seră

ښنه خونه

sol

خاوره

sămânță

تخم

fertilizator

سره/کود

combină de treierat

کد ریبونکی ماشین

a culege

زیرمه کول

recoltă

درمند

cartof yam

خوار.ه کچالو

grâu

غنم

soia

سویا

cartof

کچالو

porumb

جوار

rapiță

نباتي تخم

pom fructifer

د میوي ونه

manioc

مانیوک

cereale

غله

casă

کور

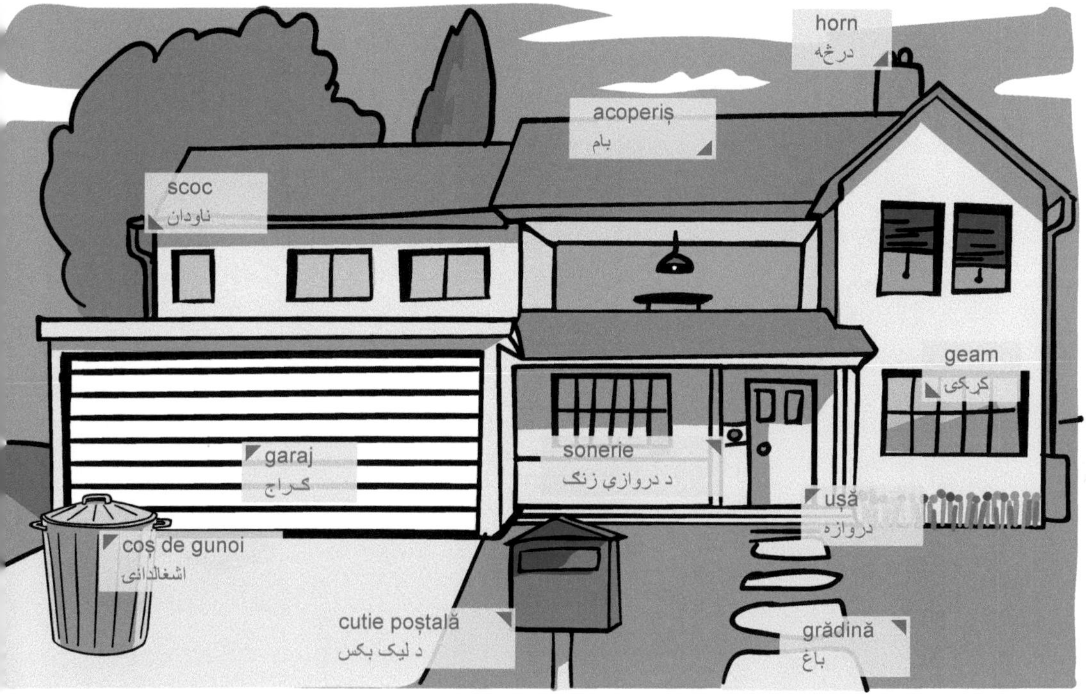

horn
درځه
acoperiș
بام
scoc
ناودان
geam
کړکۍ
garaj
ګراج
sonerie
د دروازې زنګ
ușă
دروازه
coș de gunoi
اشغالدانی
cutie poștală
د لیک بکس
grădină
باغ

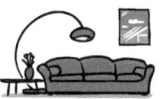

cameră de zi

د اوسیدو خونه

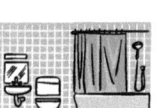

baie

حمام

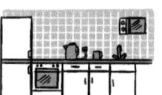

bucătărie

پخلنځی

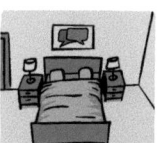

dormitor

د ویده کیدو خونه

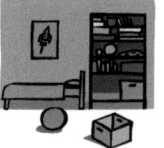

camera copiilor

د ماشوم خونه

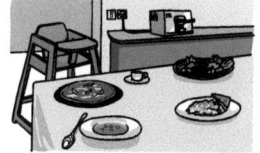

sufragerie

د خوارو خونه

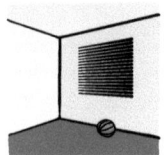

podea

فرش

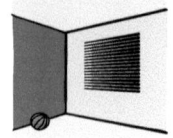

perete

ديوال

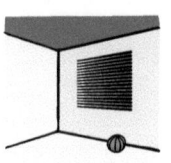

tavan

چت

pivniță

زيرخانه

saună

سونا

balcon

بالكوني

terasă

نتراس

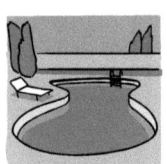

piscină

حوض

mașină de tuns iarba

د چمن وهلو ماشين

cearșaf

شيت

cuvertură

روجايى

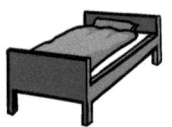

pat

تخت

mătură

جارو

găleată

بوكه

întrerupător

سويچ

camera de zi

د اوسیدو خونه

tapet
والپیپر
pictură
عکس
lampă
لامپ
raft
شیلف
dulap
الماری
televizor
تلویزیون
șemineu
نغری
floare
ګل
pernă
بالښت
sofa
صوفه
vază
ګلدانی
telecomandă
ریموټ کنټرول

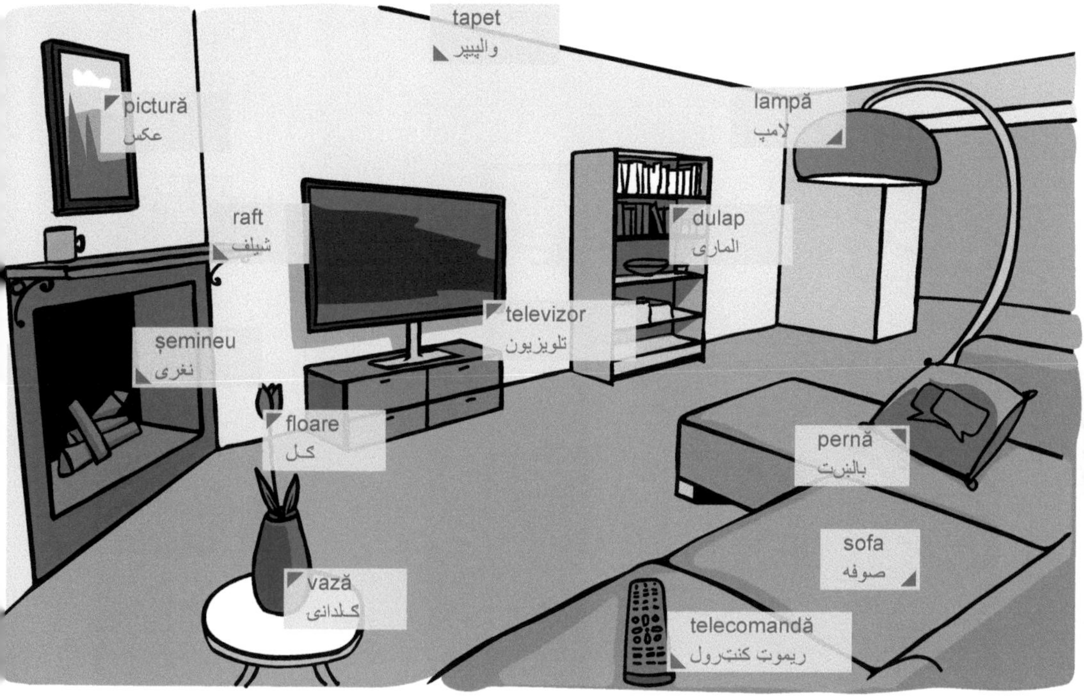

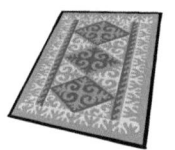

covor

غالی

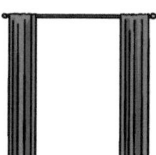

perdea

پرده

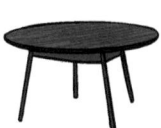

masă

میز

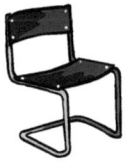

scaun

چوکی

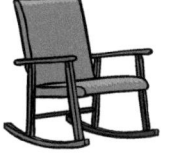

balansoar

تاویدونکې چوکی

fotoliu

بازو لرونکی چوکی

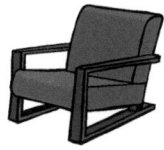

carte

كتاب

pătură

كمبل

decoraţiune

ديكوريشن

lemn de foc

د اور لرګي

film

فلم

instalaţie stereo

هايفاى

cheie

كلي

ziar

ورځپاڼه

desen

نقاشي

poster

پوسټر

radio

راډيو

caiet de notiţe

كتابچه

aspirator

واكيوم جارو

cactus

كاكتوس

lumânare

شمع

bucătărie
پخلنځی

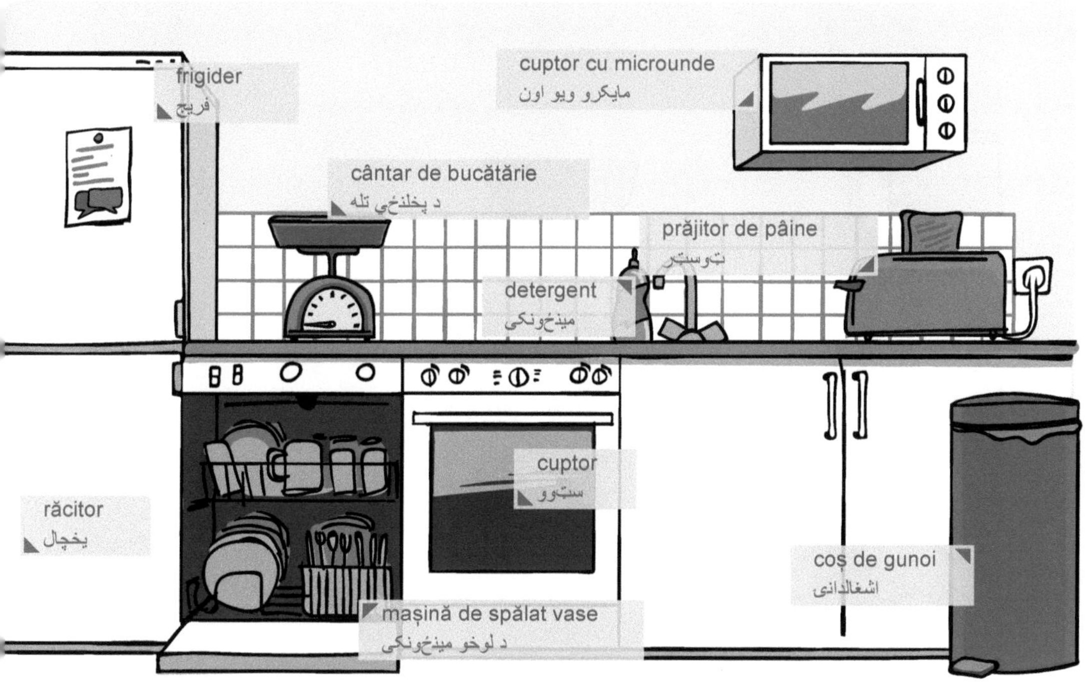
frigider
فریج
cuptor cu microunde
مایکرو ویو اون
cântar de bucătărie
د پخلنځي تله
prăjitor de pâine
ټوسټر
detergent
مینځونکی
cuptor
سټوو
răcitor
یخچال
coș de gunoi
اشغالدانی
mașină de spălat vase
د لوخو مینځونکی

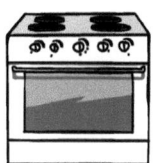

cuptor
دیگ بخار

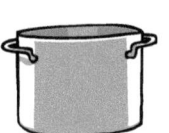

oală
لوخی

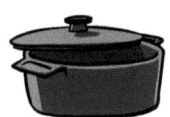

oală de metal
چدني لوخی

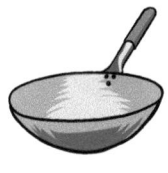

wok/kadai
ووک

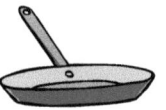

tigaie
د تلي په

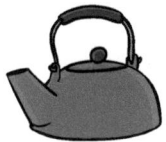

ceainic
چای جوش

oală de gătit cu aburi

د بخار دیگ

tavă de copt

پتنوس

veselă

لوخي

pahar

مگ

bol

کاسه

bețișoare

د رانیولو اوزار

polonic

 څمڅی

spatulă

کفګیر

tel

پاکونکی

sită

صافي

sită

غلبیل

răzătoare

کریتر

mojar

اونګ

grătar

بار بي کیو

loc pentru grătar

خلاص اور

tocător

تخته

sucitor

هوارونکی

tirbușon

کارک سکریو

conservă

ټېم

deschizător de conserve

د ټېم خلاصونکی

șervete termice

د لوخي ټوټه

chiuvetă

ظرف شوی

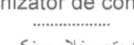

perie

برس

burete

سپنج

mixer

بلیندر

ladă frigorifică

ژور یخچال

biberon

د ماشوم بوتل

robinet

نل

baie

حمام

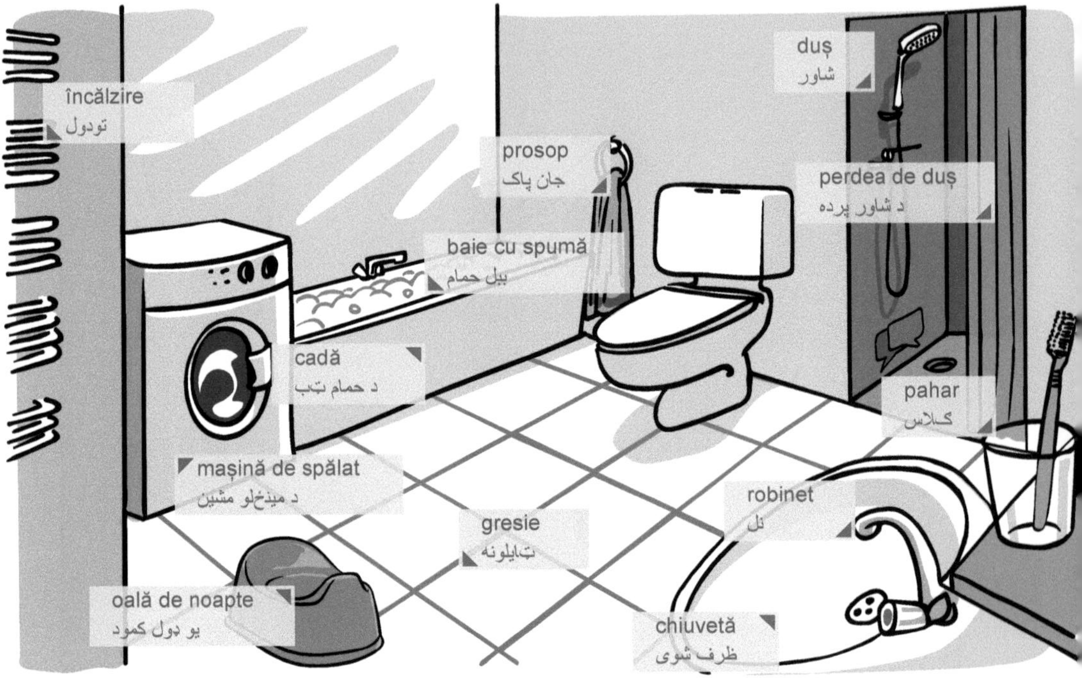

încălzire
تودول
prosop
جان پاک
duș
شاور
perdea de duș
د شاور پرده
baie cu spumă
ببل حمام
cadă
د حمام ټب
mașină de spălat
د مینځلو مشین
gresie
ټایلونه
oală de noapte
یو ډول کمود
chiuvetă
ظرف شوی
robinet
نل
pahar
ګلاس

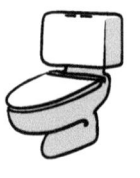

toaletă

تشناب

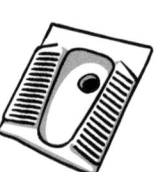

toaletă turcescă

فرشي کمود

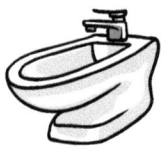

bideu

کمود

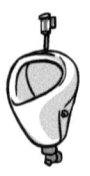

pisoir

د متیازو ځای

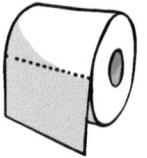

hârtie igienică

تشناب کاغذ

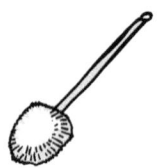

perie de toaletă

د تشناب برس

periuță de dinți

د غاښونو برس

pastă de dinți

د غاښونو کریم

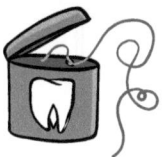

ață dentară

د غاښونو نخ

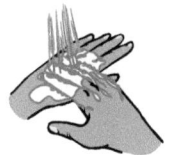

a spăla

مینځل

cap de duș

لاسي شاور

duș intim

دوش

lavoar

خانک

perie pentru spate

د شا برس

săpun

صابون

gel de duș

د شاور ژل

șampon

شامپو

cârpă de spălat

فلانل جامه

scurgere

وچول

cremă

کریم

deodorant

سپری

oglindă

آينه

oglindă cosmetică

لاسي آينه

aparat de ras

ريزر

spumă de ras

د خريلو فوم

aftershave

د خريلو وروسته

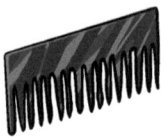

pieptene

كمذخ

perie

برس

uscător de păr

د ويښتانو وچونكى

fixator

د ويښتانو سپرى

machiaj

ميك اپ

ruj

ليپ ستيك

lac de unghii

د نوكانو پالش

vată

كاتن ورى

foarfece de unghii

ناخن گير

parfum

عطر

neseser

د مينځلو كڅوړه

taburet

سټول

cântar

د وزن كولو تله

halat de baie

د حمام پوښاک

mănuşi de cauciuc

د ربر دستكش

tampon

تامپون

tampon

صحیی جان پاک

toaletă chimică

كيميكل تشناب

camera copiilor

د ماشوم خونه

ceas deșteptător
د الارم ساعت
jucărie de pluș
د لوبو وسایل
mașină de jucărie
د ناڅکي موټر
morișcă
ريټل
casă de păpuși
د ناڅکو خونه
cadou
ډالی

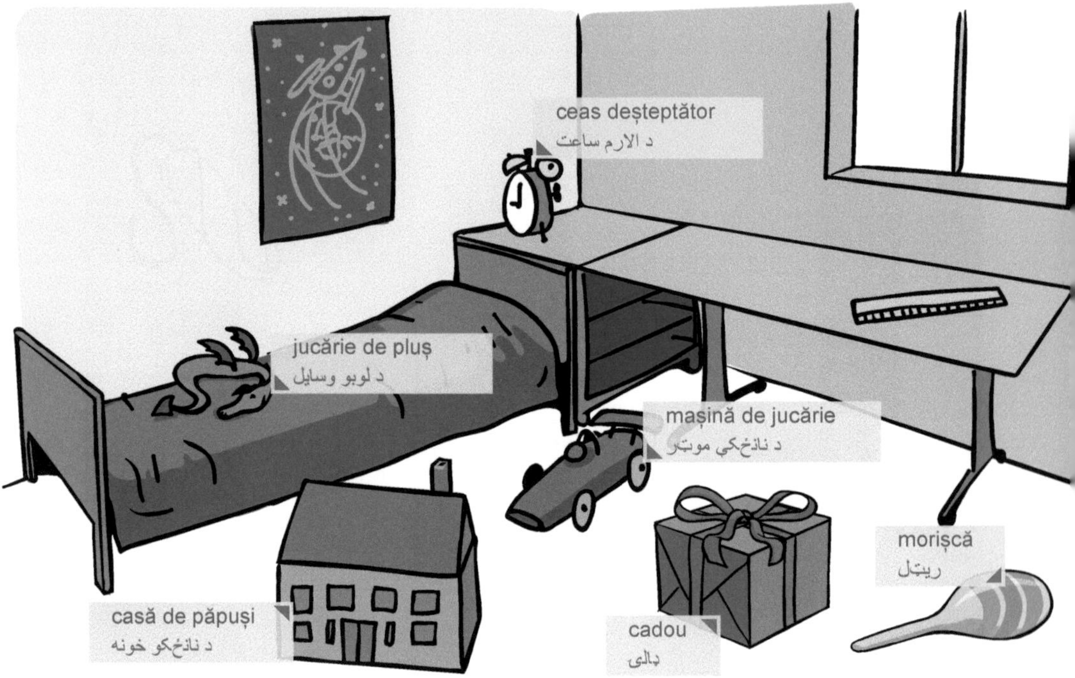

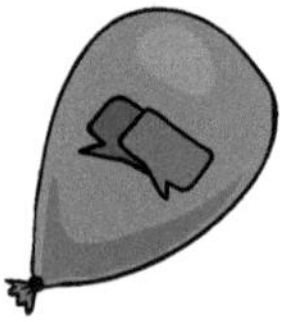

balon

بالون

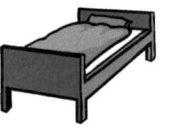

pat

تخت

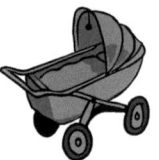

cărucior de copii

کالسکه

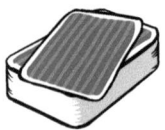

joc de cărți

د لوبو ورقي

puzzle

جيګسا

SUPER
MEGA

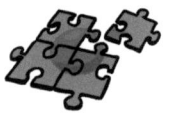

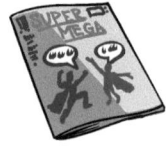

revistă de benzi desenate

مسخره

cuburi lego

ليگو بريک

piese pentru construcții

د نانځكو بلاک

personaj din filmele de acțiune

د اكشن فيگور

body

د ماشوم پوښاک

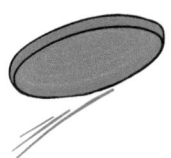

frisbee

فريزبي

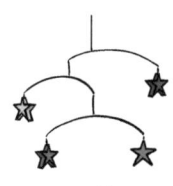

mobil

موبايل

joc de societate

بورډ لوبه

zar

تاس

set trenuleț de jucărie

مادل ريل سيت

suzetă

گونگشى

petrecere

پارتي

carte cu poze

د عكسونو البوم

minge

بال

păpușă

نانځكه

a se juca

لوبيدل

groapă de nisip

د شکو کنده

leagăn

سوینگ

jucării

ناژوکي

consolă video

د ویډیو لوبو کنسول

tricicletă

نتراى سایکل

ursuleț

ګوډکه

dulap

د کالو الماری

șosete

جرابی

ciorapi

لوړي جرابی

dres

تایتس

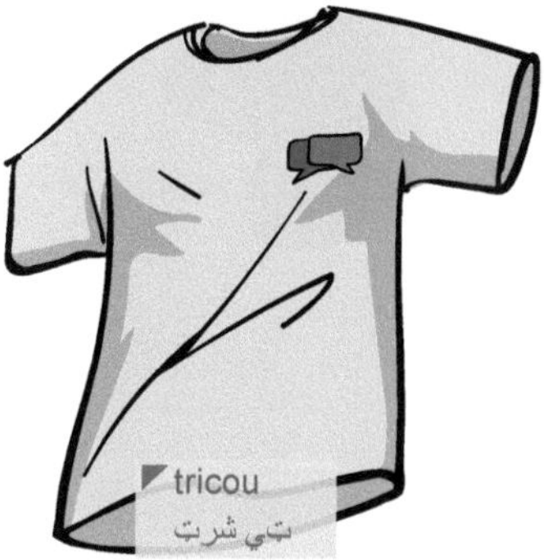

şal
زروکی

curea
کمربند

umbrelă
چتری

tricou
ټي شرت

cizme
بوټان

papuci
سلیپر

pantofi sport
سنیکر

sandale
سیندل

încălţăminte
بوټان

cizme de cauciuc
د ربر بوټان

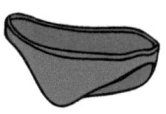

chilot
زیرنیکري

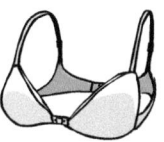

sutien
سینه بند

maiou
واسکټ

body

بادي

pantaloni

پتلون

blugi

جينز

fustă

لمن

bluză

بلاوز

cămașă

شرت

pulover

بنيان

jerseu

سويتر

sacou

بليزر

jachetă

جاكت

palton

كوت

pelerină de ploaie

د باران كوت

costum

پوښاک

rochie

كالي

rochie de mireasă

د واده پوښاک

costum

دريشي

cămașă de noapte

د شپې پوښاک

pijama

پاجامه

sari

ساړي

batic

لوپته

turban

پټکی

burka

برقه

caftan

کفتن

abaya

عبا

costum de baie

د لامبو پوښاک

șort

نیکر

pantaloni scurți

شاربت

trening

د خُغاستي پوښاک

șorț

پیش بند

mănuși

دستکش

nasture

بټن

ochelari

عینک

brățară

لاس بند

lanț

غاړه کۍ

inel

ګوتمه

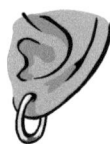

cercel

غوږوالۍ

căciulă

خولۍ

umeraș

کوټ بند

pălărie

خولۍ

cravată

نتايي

fermoar

زنځير

cască

هیلمیت

bretele

تړونکی

uniformă școlară

د ښوونځي یونیفارم

uniformă

یونیفارم

bavețică

نيپى

suzetă

گـونكـشى

scutec

نيپى

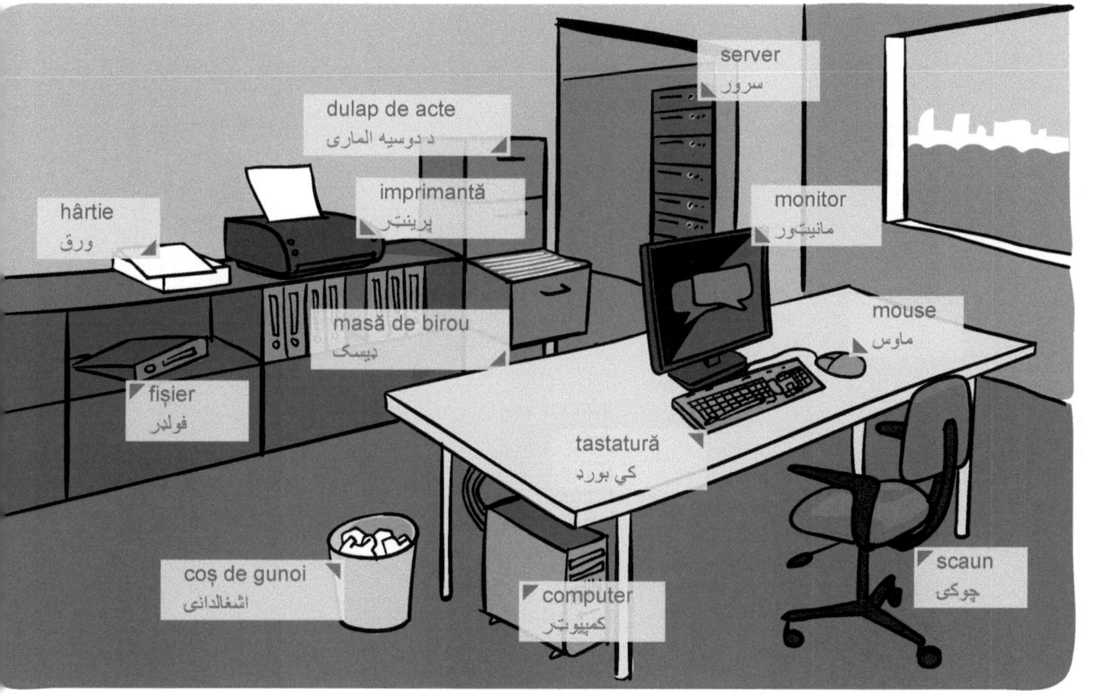

server
سرور

dulap de acte
د دوسيه المارى

imprimantă
پرينتر

monitor
مانيټور

hârtie
ورق

masă de birou
ډيسک

mouse
ماوس

fișier
فولډر

tastatură
كي بورډ

coș de gunoi
اشغالدانى

scaun
چوكى

computer
كمپيوټر

ceașcă de cafea

د كافى پياله

calculator

كالكوليټر

internet

انټرنيټ

laptop

لپ ٹاپ

scrisoare

لیک

mesaj

پیغام

telefon mobil

موبایل

rețea

نیٹورک

copiator

فوٹوکاپیر

software

سافٹویر

telefon

ٹیلیفون

priză

پلگ ساکٹ

fax

فکس مشین

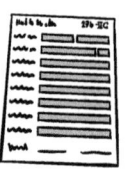

formular

فارم

document

سند

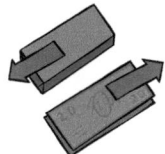

a cumpăra

پیرل

a plăti

تادیه کول

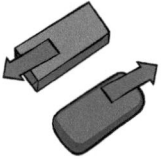

a face comerţ

سوداگري کول

bani

پیسی

Dolar

ډالر

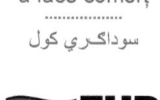

Euro

یورو

Yen

ین

Rublă

ربل

Franc Elveţian

سویيسي فرانک

renminbi yuan

رینمینبي یوان

Rupie

روپۍ

bancomat

د نغدي پیسو خای

casă de schimb valutar

د اسعارو د تبادلي دفتر

aur

سره زر

argint

سپين زر

petrol

تيل

energie

انرژي

preţ

نرخ

contract

قرارداد

impozit

ماليه

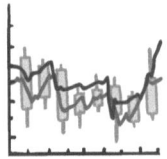

acţiune

اسهام

a munci

کار کول

angajat

کارمند

angajator

کار ګومارونکی

fabrică

فابريکه

magazin

پلورنځی

ocupații
مسلکونه

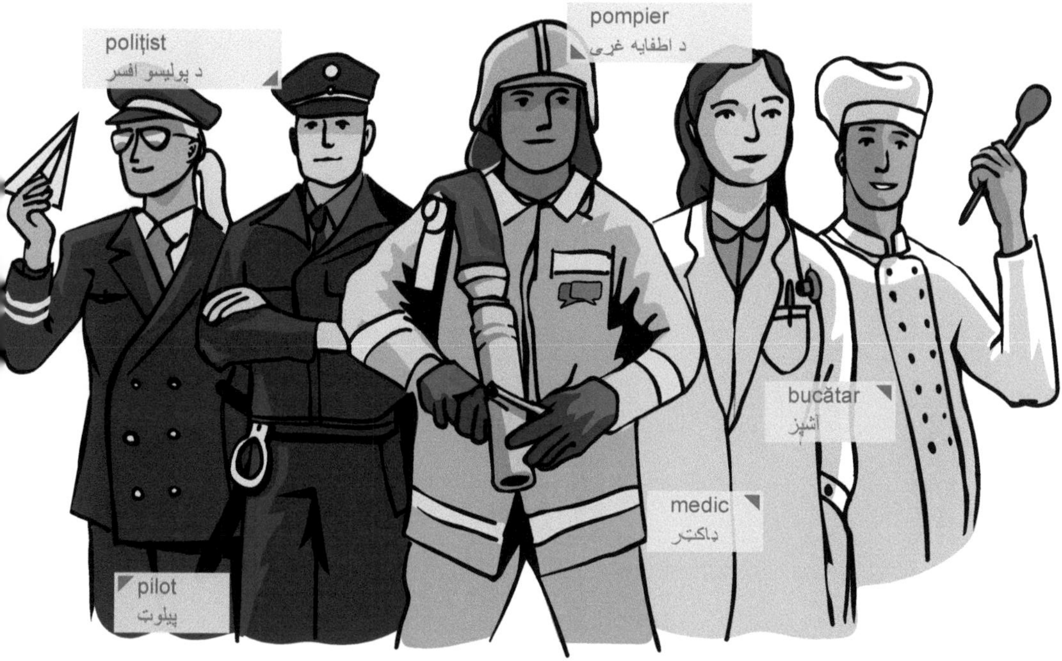
pompier
د اطفایه غړی
polițist
د پولیسو افسر
bucătar
آشپز
medic
ډاکټر
pilot
پیلوټ

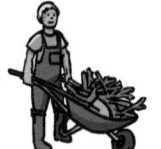

grădinar
باغوان

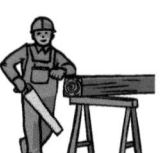

tâmplar
نجار

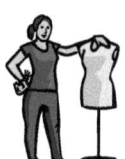

cusătoreasă
خیاط

judecător
قاضي

chimist
کیمیا پوه

actor
د فلم لوبغاړی

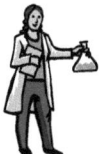

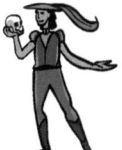

șofer de autobuz

د بس ډرايور

șofer de taxi

د ټيکسي ډرايور

pescar

کب نيونکی

femeie de serviciu

خدمه

tinichigiu

بام جوړونکی

chelnăr

پيشخدمت

vânător

ښکاري

pictor

نقاش

brutar

نانوا

electrician

د برېښنا کارکونکی

muncitor în construcții

تعمير جوړونکی

inginer

انجنير

măcelar

قصاب

instalator

نلدوان

poștaș

پوست رسونکی

soldat

سرتېرى

arhitect

مهندس

casier

صراف

florar

ماليار

frizer

نايبى

controlor

كليندر

mecanic

ميكانيك

căpitan

كپتان

stomatolog

د غاښونو ډاكتر

om de ştiinţă

ساينس پوه

rabin

بنراغلى

imam

امام

călugăr

مذهبي نفر

preot

پادري

instrumente

لوازم

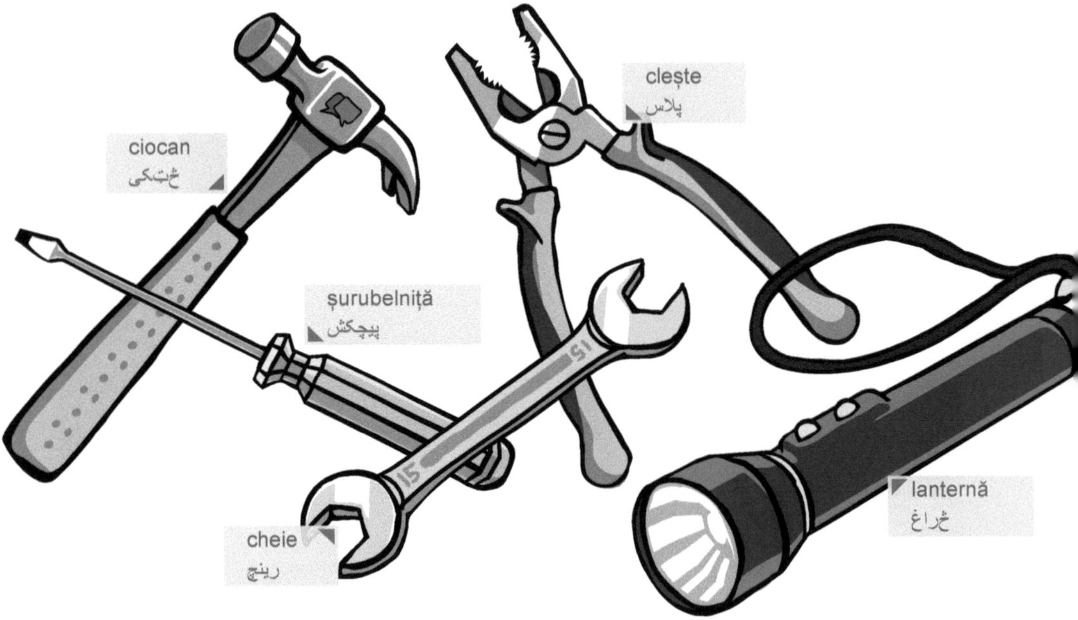

ciocan
ځټکی
cleşte
پلاس
şurubelniţă
پیچکش
cheie
رینچ
lanternă
څراغ

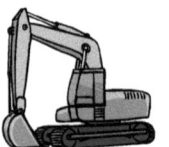

excavator
کنستونکی

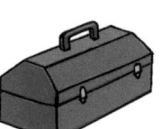

cutie de scule
د لوازمو بکس

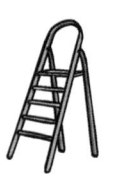

scară
زینه

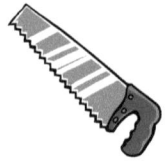

ferăstrău
اره

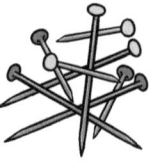

cuie
میخونه

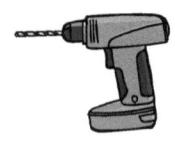

burghiu
برمه

a repara

ترمیم کول

lopată

بیل

La naiba!

لعنت!

făraș

خاک انداز

vas pentru vopsea

مشوانۍ

șuruburi

پیچونه

instrumente muzicale

د میوزیک آلات

set tobe
درم سیټ

difuzor
لاوډ سپیکر

chitară
ګیتار

contrabas
کنټرباس

trompetă
ترومپیټ

pian

پيانو

vioară

واېلن

bas

باس

trombon

نغاره

tobă

ډرمونه

keyboard

کي بورد

saxofon

سیکسافون

fluier

شپیلی

microfon

مایکروفون

grădină zoologică

ژوبڼ

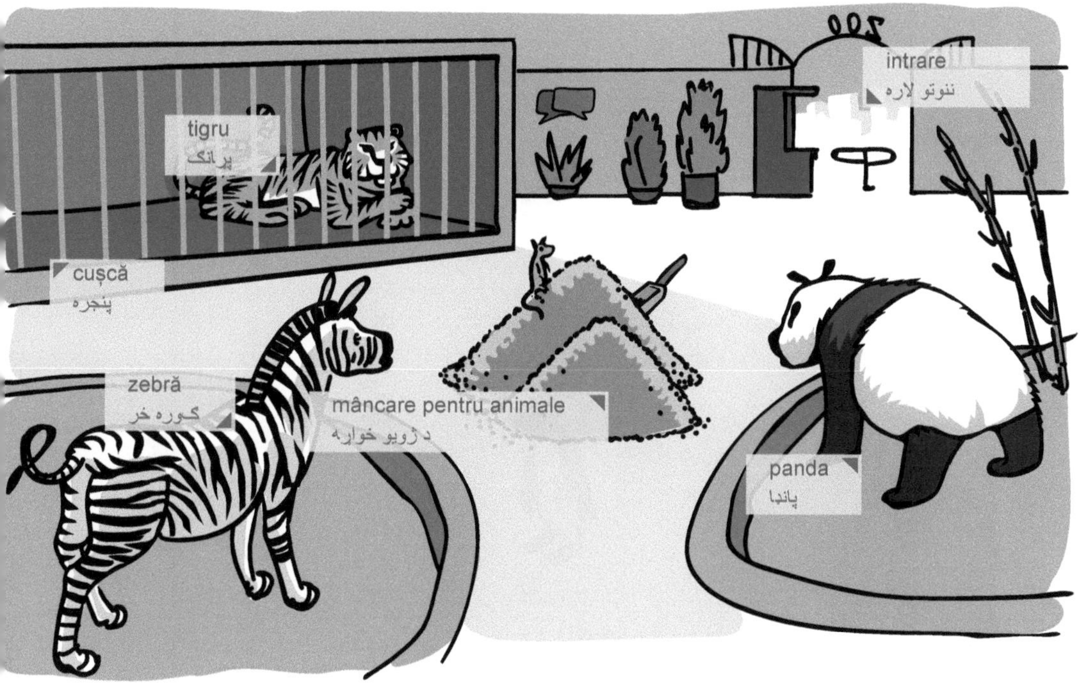

intrare
ننوتو لاره
tigru
پړانګ
cușcă
پنجره
zebră
ګوره خر
mâncare pentru animale
د ژويو خواړه
panda
پاندا

animale

ژوی

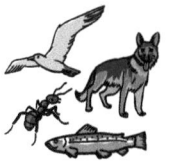

elefant

هاتي

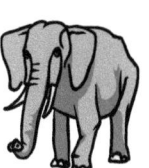

cangur

کنګرو

rinocer

د اوبو اسپ

gorilă

ګوریلا

urs

ایږه

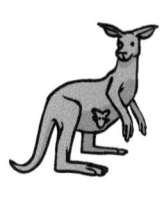

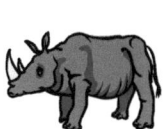

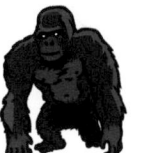

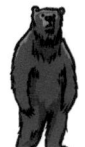

cămilă

اوښ

struţ

ښترمرغ

leu

زمری

maimuţă

بيزو

flamingo

غزی

papagal

طوطي

urs polar

قطبي ايرږه

pinguin

پینگوین

rechin

شارک

păun

طاوس

şarpe

مار

crocodil

تمساح

îngrijitor grădina zoologică

ژوبڼ ساتونکی

focă

سیل

jaguar

جګوار

ponei

یابو

leopard

پلنگ

hipopotam

هیپو

girafă

زرافه

acvilă

باز

porc mistreț

نرخوک

pește

کب

broască țestoasă

شمشتی

morsă

سمندري نولی

vulpe

گیدره

gazelă

هوسی

fotbal american
امریکایی فټبال

ciclism
سایکل خغلول

tenis
تنیس

basketball
باسکیتبال

înot
لامبو

box
باکسینګ

hockey pe gheață
د کنګل هاکي

fotbal
....
فټبال

badminton
....
کسیزه

atletism
....
د خُغاستي لوبی

handbal
....
د هندبال

schi
....
سکي

polo
....
پولو

activități
فعاليتونه

a sări
ټوپ وهل
a îmbrățișa
غاړه ورکول
a râde
خندل
a merge
ګرځېدل
a cânta
سندرې ویل
a visa
خوب لیدل
a se ruga
عبادت کول
a săruta
مچو کول

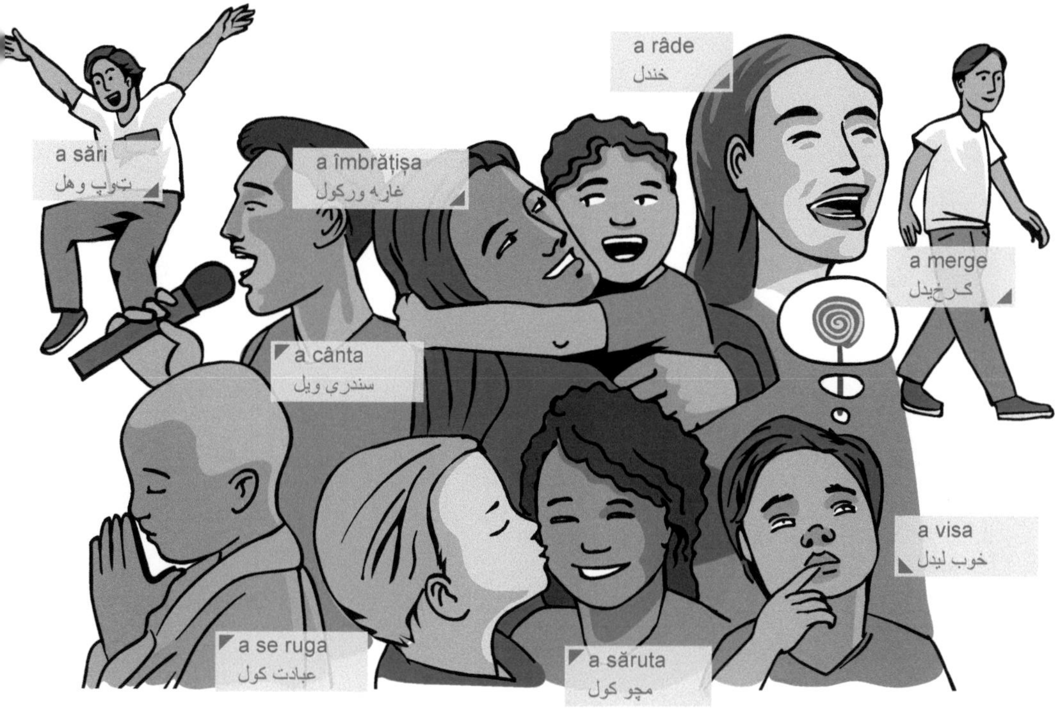

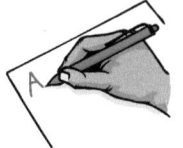

a scrie
لیکل

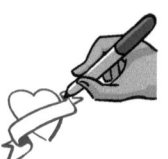

a desena
کښل

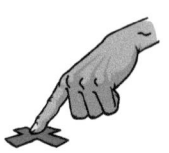

a arăta
ښودل

a împinge
ټیله کول

a da
ورکول

a lua
اخیستل

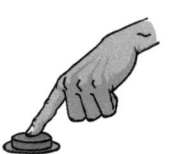

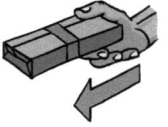

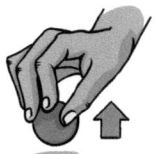

a avea

درلودل

a face

کول

a fi

پاییدل

a sta în picioare

ودریدل

a fugi

منډي وهل

a trage

راکښل

a arunca

کوزارل

a cădea

لویدل

a sta întins

غځملاستل

a aștepta

انتظار کول

a purta

ورل

a ședea

کښېناستل

a se îmbrăca

پوښاک اغوستل

a dormi

ویده کیدل

a se trezi

پاڅېدل

a privi

کتل

a plânge

ژرل

a mângâia

بريد کول

a se pieptăna

کمنځ کول

a vorbi

خبري کول

a înțelege

پوهيدل

a întreba

غوښتل

a asculta

اوريدل

a bea

څښل

a mânca

خورل

a face ordine

پاکول

a iubi

مينه کول

a găti

پخلی کول

a conduce

موټر چلول

a zbura

الوتل

a naviga

بیری چلول

a calcula

حساب

a citi

لوستل

a învăța

زده کول

a munci

کار کول

a se căsători

واده کول

a coase

کنډل

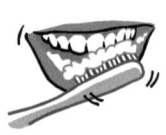

a se spăla pe dinți

د غاښونو برس کول

a ucide

وژل

a fuma

سګرټ څکښل

a trimite

لیږل

bunică
نیا

bunic
نیکه

tată
پلار

mamă
مور

bebeluş
ماشوم

soră
لور

fiu
زوى

oaspete

میلمه

mătuşă

ترور

unchi

كاكا/ماما

frate

ورور

soră

خور

corp

بدن

frunte
تندی
ochi
سترګې
umăr
اوږه
deget
ګوته
față
مخ
bărbie
زنه
mână
لاس
piept
سینه
picior
پښه
braț
مټ

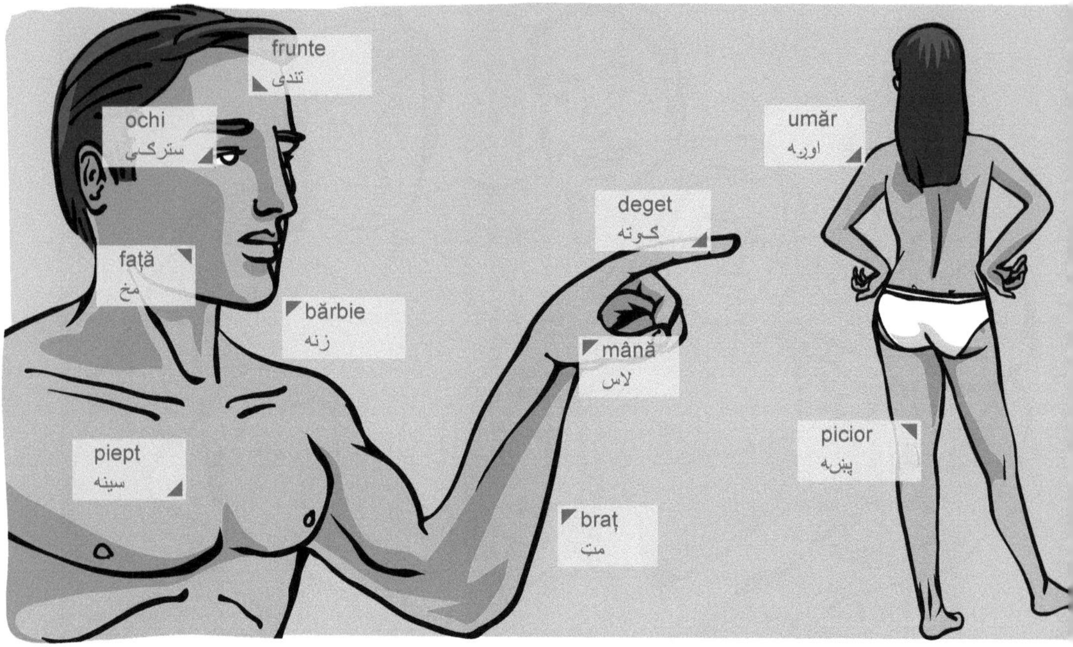

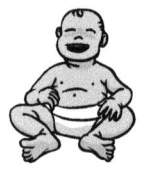

bebeluș

ماشوم

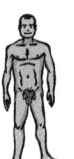

bărbat

سړی

femeie

ښځه

fată

انجلۍ

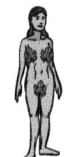

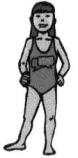

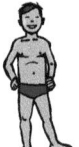

băiat

هلک

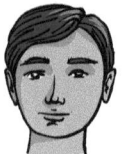

cap

سر

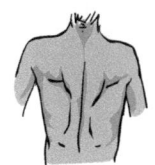

spate

شا

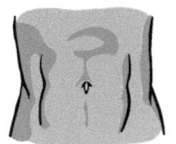

abdomen

خیټه

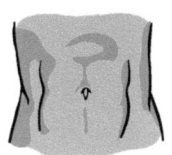

ombilic

نوم

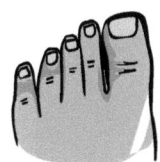

deget de la picior

د پښې ګوته

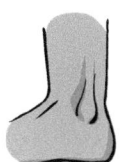

călcâi

پونده

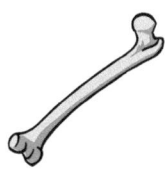

os

هډوکی

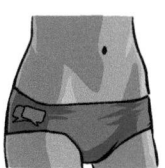

şold

کوناټی

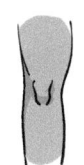

genunchi

زنګون

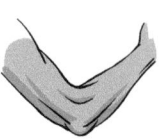

cot

څنګل

nas

پوزه

fund

لاندي برخه

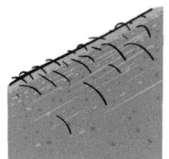

piele

پوستکی

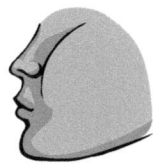

obraz

غومبوری

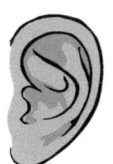

ureche

غوږ

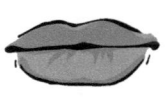

buză

 شونډه

gură

خوله

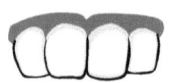

dinte

غاښ

limbă

ژبه

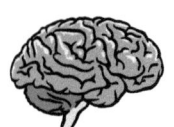

creier

مغز

inimă

زړه

mușchi

عضله

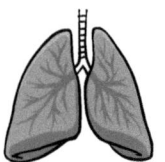

plămân

سږی

ficat

ځيګر

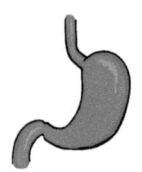

stomac

معده

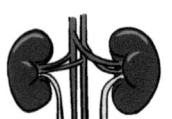

rinichi

پښتورګي

sex

جنسي نږدي والی

prezervativ

کاندوم

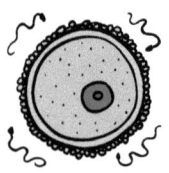

ovul

تخمه

spermă

مني

sarcină

حمل

corp - بدن

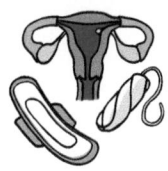

menstruație

حيض

vagin

مهبل

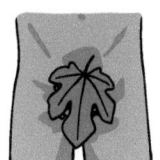

penis

د نارينه تناسلي آله

sprânceană

وروځى

păr

ويښته

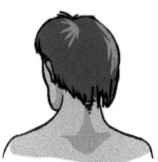

gât

غاړه

spital
روغتون

ambulanță
امبولانس

scaun cu rotile
ویل چیر

fractură
کسر

medic

ډاکټر

unitate de primiri urgențe

عاجل خونه

soră medicală

رنځورپال

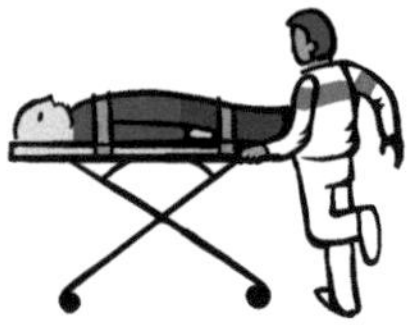

urgență

عاجل

inconștient

بې هوش

durere

درد

leziune

پټه

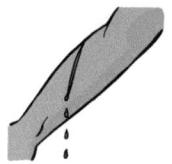

sângerare

لدیوت ینه و

infarct miocardic

د زړه حمله

atac cerebral

ضرب

alergie

حساسیت

tuse

ټوخی

febră

تبه

gripă

انفلوینزا

diaree

نس ناستی

durere de cap

سر درد

cancer

سرطان

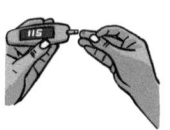

diabet

شکر

chirurg

جراح

scalpel

سکالپل

operație

عملیات

CT

سی‌تی

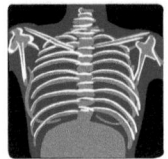

raze Röntgen

ایکس ری

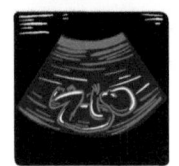

ultrasunet

الٹراساونڈ

mască

د مخ ماسک

boală

ناروغي

sală de așteptare

انتظار خونه

cârjă

امسأ

plasture

پلستر

bandaj

بنداژ

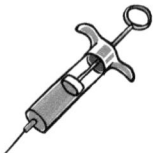

injecție

تزریق

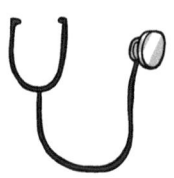

stetoscop

ستاتسکوپ

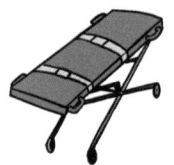

targă

تسکیره

termometru

کلینکي ترمامیتر

naștere

زیرون

supraponderabilitate

زیات وزن

aparat auditiv

د اوريدو مرسته

dezinfectant

د عفونيت ځخه پاکونکي مواد

infecţie

عفونيت

virus

ويروس

HIV/SIDA

ايچ.آی.وی/ايدز

medicină

درمل

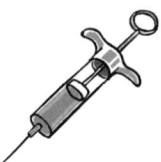

vaccin

واکسين

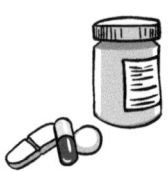

tablete

ټابليټس

pastilă

ګولی

apel de urgenţă

عاجل تليفون

aparat de măsurare a
presiunii arteriale

د وينی د فشار څارونکی

bolnav/sănătos

ناروغ/روغ

Ajutor!

مرسته!

alarmă

الارم

agresiune

يرغل

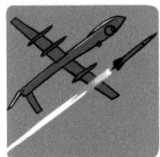

atac

بريد

pericol

خطر

ieșire de urgență

عاجل لاره

Foc!

اور!

extinctor

د اور وژونکی

accident

پيښ‌ه

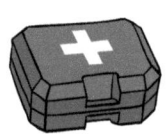

trusă de prim-ajutor

د لومړی مرستی لوازم

SOS

ايس.او.ايس

poliție

پوليس

Europa

اروپا

America de Nord

شمالي امریکا

America de Sud

سهیلي امریکا

Africa

افریقا

Asia

آسیا

Australia

آستریلیا

Altantic

اتلانتیک

Pacific

پاسیفیک

Oceanul Indian

د هند بحر

Oceanul Antarctic

جنوبي منجمد بحر

Oceanul Arctic

د شمال قطب بحر

Polul Nord

شمالي قطب

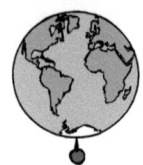

Polul Sud

سهيلي قطب

Antarctica

انتّارکتّیکا

pământ

خُمکه

țară

خُمکه

mare

بحر

insulă

تّاپو

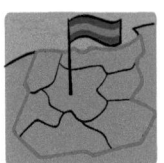

națiune

ملت

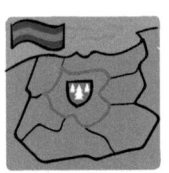

stat

دولت

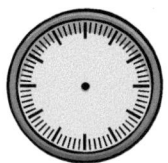

cadran

د مخي ساعت

orar

د ساعت ستنه

minutar

د دقیقي ستنه

secundar

د ثانیی ستنه

Cât e ceasul?

څه وخت دی؟

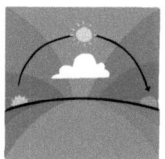

zi

ورځ

timp

وخت

acum

اوس

cead digital

ډیجیتل ساعت

minut

دقیقه

oră

ساعت

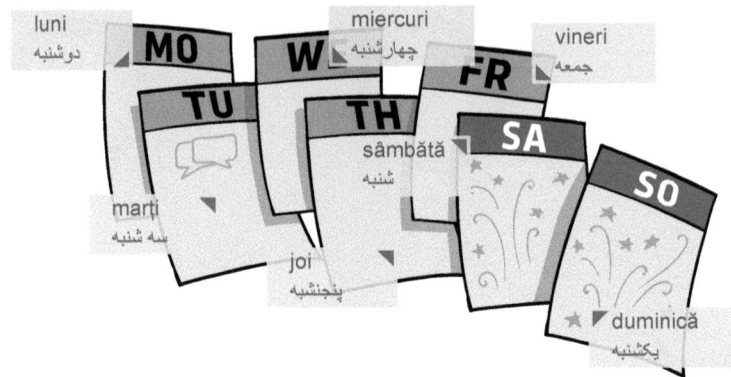

luni
دوشنبه

miercuri
چهارشنبه

vineri
جمعه

marți
سه شنبه

joi
پنجشنبه

sâmbătă
شنبه

duminică
یکشنبه

ieri

پرون

azi

نن

mâine

سبا

dimineață

سهار

amiază

غرمه

seară

مازدیگر

zile lucrătoare

کاري ورځي

week-end

د اونۍ پای

an
کال

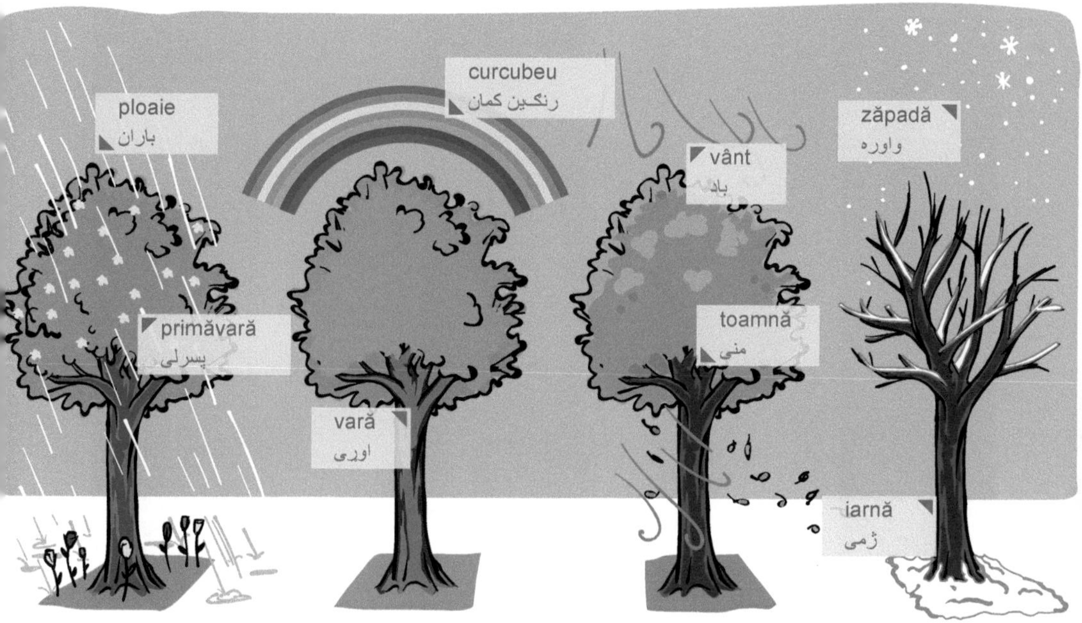

ploaie
باران
curcubeu
رنګین کمان
zăpadă
واوره
vânt
باد
primăvară
پسرلی
toamnă
منی
vară
اوړی
iarnă
ژمی

4.APRIL 11°
5.APRIL 4°
6.APRIL 13°
7.APRIL 8°
8.APRIL 10°

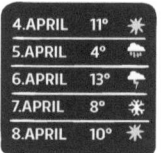

prognoză meteo

د موسم وړاندوینه

F
C
120
90
60
30
0
-30
40
30
20
10
0
-10
-20

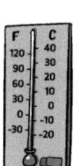

termometru

ترمومیټر

lumina soarelui

د لمر وړانګې

nor

وریځ

ceață

لړه

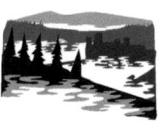

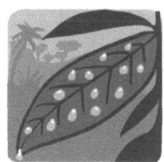

umiditate a aerului

رطوبت

fulger

رنا

tunet

تندر

furtună

توفان

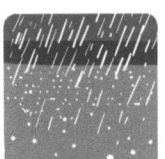

grindină

ژلی وریدل

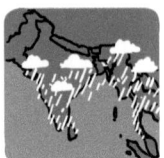

muson

مون سون باران

inundație

سیلاب

gheață

یخ

ianuarie

جنوري

februarie

فبروري

martie

مارچ

aprilie

اپریل

mai

می

iunie

جون

iulie

جولای

august

اگست

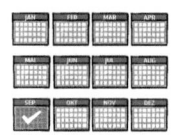

septembrie

سپتمبر

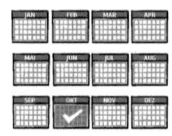

octombrie

اکتوبر

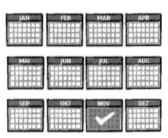

noiembrie

نومبر

decembrie

دسمبر

forme

شکلونه

cerc

دایره

pătrat

مربع

dreptunghi

مستطیل

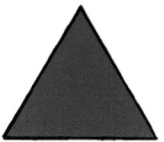

triunghi

مثلث

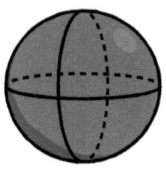

sferă

توپ

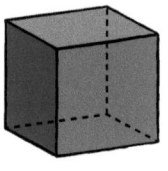

cub

فال

alb

سپين

galben

ژير

portocaliu

نارنجي

roz

ګلابي

roşu

سور

violet

ارغواني

albastru

نيلي

verde

شين

maro

نسواري

gri

خړ

negru

تور

mult/puţin

خورا ديږ/خورا لږ

furios/calm

قار/آرام

frumos/urât

ښکلى/بدشكله

început/sfârşit

پيلاپاى

mare/mic

لوى/كوچنى

luminos/întunecat

روښانه/تياره

frate/soră

ورور/خور

curat/murdar

پاک/ككر

complet/incomplet

مكمل/نامكمل

zi/noapte

ورځ/شپه

mort/viu

مر/ژوندى

lat/strâmt

پراخه/نرى

comestibil/necomestibil

د خوراک وړ/نه خوړل کیدونکی

rău/prietenos

بد/مهربان

emoționat/plictisit

پاریدلی/بی خونده

gras/slab

چاق/وچ

primul/ultimul

لومړی/وروستی

prieten/inamic

ملګری/دښمن

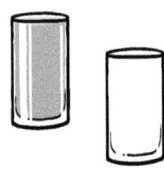

plin/gol

ډک/تش

tare/moale

سخت/نرم

greu/ușor

دروند/سپک

foame/sete

لوږه/تنده

bolnav/sănătos

ناروغ/روغ

ilegal/legal

غیرقانوني/قانوني

inteligent/stupid

هوښیار/ساده

stânga/drepta

کین/ښی

aproape/departe

نږدې/لری

nou/uzat

نوی/زوړ

nimic/ceva

هیخ/یوڅه

bătrân/tânăr

بډا/خوان

pornit/oprit

چالا/ذ/بند

deschis/închis

خلاص/ترلی

încet/tare

غلی/لوړ غږ

bogat/sărac

بډايه/غريب

corect/fals

صحيح/غلط

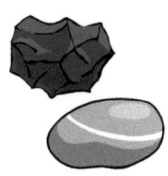

aspru/neted

زبر/ملایم

trist/fericit

خفه/خوش

lung/scurt

لنډ/اوږد

încet/repede

سست/ګرندی

ud/uscat

لوند/وچ

cald/rece

ګرم/یخ

război/pace

جګړه/سوله

0	**1**	**2**
zero	unu	doi
صفر	يو	دوه
3	**4**	**5**
trei	patru	cinci
دري	ځلور	پنځه
6	**7**	**8**
şase	şapte	opt
شپږ	اوه	اته
9	**10**	**11**
nouă	zece	unsprezece
نهه	لس	يولس

12
douăsprezece
········
دولس

13
treisprezece
········
ديارلس

14
paisprezece
········
څوارلس

15
cincisprezece
········
پنځلس

16
șaisprezece
········
شپارس

17
șaptesprezece
········
وولس

18
optsprezece
········
اتلس

19
nouăsprezece
········
نولس

20
douăzeci
········
شل

100
o sută
········
سل

1.000
o mie
········
زر

1.000.000
un milion
········
ميليون

engleză

انگلیسي

engleză americană

امریکایی انگلیسي

chineza mandarină

چینایی مندرین

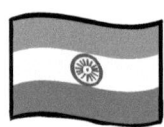

hindi

هندي

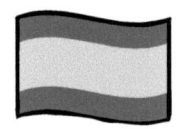

spaniolă

هسپانوي

franceză

فرانسوي

arabă

عربي

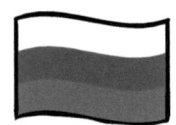

rusă

روسي

protugheză

پرتگالي

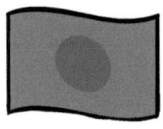

bengaleză

بنګالي

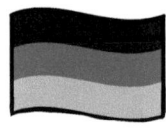

germană

آلماني

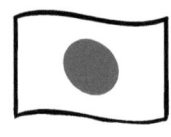

japoneză

جاپاني

eu

زه

tu

ته

el/ea

هغه/دغه/دا

noi

موږ

voi

تاسي

ea

دوی/هغوی

cine?

څوک؟

ce?

څه؟

cum?

څنګه؟

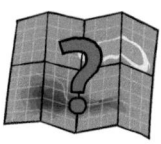

unde?

چیري؟

când?

کله؟

nume

نوم

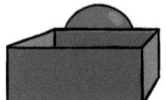

în spate

شاته

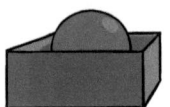

în

پﻪ

înainte

پﻪ مخﻪ کی

peste

باندی

pe

پﻪ

sub

لاندی

lângă

برسیره پر

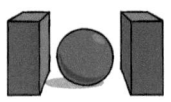

între

ترمینځ

loc

ځای